团 体 标 准

# 公路钢桥面环氧沥青铺装养护技术指南

Technical Guideline for Epoxy Asphalt Pavement
Maintenance on Steel Deck Bridge

T/CHTS 10026—2020

主编单位:东南大学
发布单位:中国公路学会
实施日期:2020 年 11 月 01 日

人民交通出版社股份有限公司
北 京

## 图书在版编目(CIP)数据

公路钢桥面环氧沥青铺装养护技术指南：T/CHTS 10026—2020 / 东南大学主编. — 北京：人民交通出版社股份有限公司，2020.10

ISBN 978-7-114-16813-0

Ⅰ.①公… Ⅱ.①东… Ⅲ.①公路桥—桥面铺装—中国—指南②公路桥—保养—中国—指南 Ⅳ.①U448.14-62

中国版本图书馆 CIP 数据核字(2020)第 161732 号

标准类型：团体标准

Gonglu Gang Qiaomian Huanyang Liqing Puzhuang Yanghu Jishu Zhinan

| | |
|---|---|
| 标准名称： | 公路钢桥面环氧沥青铺装养护技术指南 |
| 标准编号： | T/CHTS 10026—2020 |
| 主编单位： | 东南大学 |
| 责任编辑： | 郭红蕊　韩亚楠 |
| 责任校对： | 赵媛媛 |
| 责任印制： | 刘高彤 |
| 出版发行： | 人民交通出版社股份有限公司 |
| 地　　址： | (100011)北京市朝阳区安定门外外馆斜街 3 号 |
| 网　　址： | http://www.ccpcl.com.cn |
| 销售电话： | (010)59757973 |
| 总 经 销： | 人民交通出版社股份有限公司发行部 |
| 经　　销： | 各地新华书店 |
| 印　　刷： | 北京市密东印刷有限公司 |
| 开　　本： | 880×1230　1/16 |
| 印　　张： | 1.75 |
| 字　　数： | 46 千 |
| 版　　次： | 2020 年 10 月　第 1 版 |
| 印　　次： | 2020 年 10 月　第 1 次印刷 |
| 书　　号： | ISBN 978-7-114-16813-0 |
| 定　　价： | 200.00 元 |

(有印刷、装订质量问题的图书由本公司负责调换)

# 中国公路学会文件

公学字〔2020〕71 号

## 中国公路学会关于发布
## 《公路钢桥面环氧沥青铺装养护技术指南》的公告

现发布中国公路学会标准《公路钢桥面环氧沥青铺装养护技术指南》(T/CHTS 10026—2020),自 2020 年 11 月 1 日起实施。

《公路钢桥面环氧沥青铺装养护技术指南》(T/CHTS 10026—2020)的版权和解释权归中国公路学会所有,并委托主编单位东南大学负责日常解释和管理工作。

中国公路学会

2020 年 10 月 23 日

# 前 言

本指南是在总结国内钢桥面环氧沥青铺装技术研究成果和实桥应用经验的基础上编制。

本指南按照《中国公路学会标准编写规则》(T/CHTS 10001)编写,主要内容包括:环氧沥青铺装使用性能的巡查、检测与评定方法,日常养护技术,预防性养护技术,结构性养护技术,质量控制与验收等。

本指南实施过程中,请将发现的问题和意见、建议反馈至东南大学(地址:江苏省南京市江宁区东南大学路2号交通大楼215室;联系电话:13851749877;电子邮箱:qianzd@seu.edu.cn),供修订时参考。

本指南由东南大学提出,受中国公路学会委托,由东南大学负责具体解释工作。

**主编单位**:东南大学

**参编单位**:江苏中路工程技术研究院有限公司、江苏高速公路工程养护技术有限公司、湖北路桥集团有限公司

**主要起草人**:钱振东、张志祥、李英涛、蔡明征、潘友强、陈磊磊、陈李峰、旷新辉、张辉、魏忠、张威、马辉、李娣、祝争艳、张健

**主要审查人**:李彦武、周海涛、侯金龙、钟建驰、张少锦、赵君黎、鲍卫刚、王民、李国芬、韩亚楠

T/CHTS 10026—2020

# 目　次

1 总则 ··················································································································· 1
2 术语 ··················································································································· 2
3 巡查、检测与评定 ··································································································· 3
　3.1 巡查与检查 ······································································································ 3
　3.2 病害类型 ········································································································· 3
　3.3 评定 ·············································································································· 3
　3.4 养护决策 ········································································································· 6
4 日常养护 ············································································································· 7
　4.1 裂缝处治 ········································································································· 7
　4.2 破损修复 ········································································································· 7
　4.3 鼓包和脱层处治 ································································································ 11
5 预防性养护 ········································································································· 12
　5.1 一般规定 ······································································································· 12
　5.2 材料要求 ······································································································· 12
　5.3 施工 ············································································································· 13
6 结构性养护 ········································································································· 14
　6.1 一般规定 ······································································································· 14
　6.2 设计 ············································································································· 14
　6.3 材料要求 ······································································································· 14
　6.4 施工 ············································································································· 16
7 质量控制与验收 ··································································································· 17
　7.1 日常养护 ······································································································· 17
　7.2 预防性养护 ···································································································· 17
　7.3 结构性养护 ···································································································· 17
用词说明 ··············································································································· 19

# 公路钢桥面环氧沥青铺装养护技术指南

## 1 总则

**1.0.1** 为保证公路钢桥面环氧沥青铺装养护工程质量,规范铺装养护技术等,制定本指南。

**1.0.2** 本指南适用于公路钢桥面环氧沥青铺装养护工程。

**1.0.3** 鼓励推广应用新材料、新技术、新工艺、新设备。

**1.0.4** 高弹改性沥青混合料、冷拌环氧沥青铺装、热拌环氧沥青铺装施工应符合《公路钢桥面铺装设计与施工技术规范》(JTG/T 3364-02—2019)的有关规定。

**1.0.5** 公路钢桥面环氧沥青铺装养护工程除应符合本指南的规定外,尚应符合有关法律法规及国家、行业现行有关标准的规定。

## 2 术语

**2.0.1 钢桥面铺装破损率** distress ratio of steel deck pavement(DR)

钢桥面铺装路段内不同类型、程度和范围的损坏折合面积占路段铺装总面积的百分比。

**2.0.2 钢桥面铺装脱空率** debond ratio of steel deck pavement(PDR)

钢桥面铺装路段内鼓包和脱层等脱空类病害的面积占路段铺装总面积的百分比。

**2.0.3 钢桥面铺装裂缝率** crack ratio of steel deck pavement(PCR)

钢桥面铺装路段内裂缝病害折算面积占路段铺装总面积的百分比。

**2.0.4 钢桥面铺装修补率** maintenance ratio of steel deck pavement(PMR)

钢桥面铺装路段内修补病害面积占路段铺装总面积的百分比。

**2.0.5 钢桥面铺装破损状况指数** steel deck pavement condition index(SDPCI)

表征钢桥面铺装破损程度的指数。

**2.0.6 钢桥面铺装日常养护** daily maintenance of steel deck pavement

对钢桥面铺装进行的日常巡查、维修保养和修补作业。

**2.0.7 钢桥面铺装预防性养护** preventive maintenance of steel deck pavement

在保持原结构功能不变、提升路用性能、延长使用寿命所采取的工程措施。

**2.0.8 钢桥面铺装结构性养护** structural maintenance of steel deck pavement

对钢桥面铺装结构性损坏进行的综合维修。

## 3 巡查、检测与评定

### 3.1 巡查与检查

3.1.1 应采用日常巡查、经常检查、定期检测与专项检测相结合的方式进行检测与评定。

3.1.2 经常检查是对钢桥面铺装的技术状况进行检查,应至少每周1次。

3.1.3 定期检测可采用人工目测检查方式,应至少每月1次,高温、低温、多雨等不利季节应适当加大检查频率。

3.1.4 专项检测包括平整度检测、抗滑检测以及各类病害检测,可采用多功能车和红外热成像等快速无损检测方法,应至少每年1次。

3.1.5 当桥面发生火烧、化学物腐蚀等特殊情况时,应及时进行专项检测评定并采取必要的措施。

### 3.2 病害类型

3.2.1 常见病害类型及分级应符合表3.2.1的规定。

表 3.2.1 钢桥面环氧沥青铺装病害类型

| 损坏类型 | | 分级 | 折算方式 |
|---|---|---|---|
| 裂缝 | 纵向裂缝 | 轻,裂缝宽度<1mm | 按长度计算,以影响宽度为0.2m换算成面积 |
| | | 重,裂缝宽度≥1mm | 按长度计算,以影响宽度为0.2m换算成面积 |
| | 横向裂缝 | 轻,裂缝宽度<1mm | 按长度计算,以影响宽度为0.2m换算成面积 |
| | | 重,裂缝宽度≥1mm | 按长度计算,以影响宽度为0.2m换算成面积 |
| | 斜缝 | 轻,裂缝宽度<1mm | 按长度计算,以影响宽度为0.2m换算成面积 |
| | | 重,裂缝宽度≥1mm | 按长度计算,以影响宽度为0.2m换算成面积 |
| | 鱼尾纹裂缝 | 轻,裂缝宽度<1mm | 按损坏面积 |
| | | 重,裂缝宽度≥1mm | 按损坏面积 |
| | 放射状裂缝 | — | 按损坏面积 |
| | 环形裂缝 | — | 按损坏面积 |
| | 网裂 | — | 按损坏面积 |
| 破损 | 坑槽 | — | 按损坏面积 |
| | 松散 | — | 按损坏面积 |
| | 鼓包 | — | 按损坏面积 |
| | 脱层 | — | 按损坏面积 |

### 3.3 评定

3.3.1 评定方法。钢桥面铺装宜采用网格法进行评价,横桥向可按车道、纵桥向可按10m～50m长度作为网格基本评定单元,检查频率符合表3.3.1的规定。

表 3.3.1　钢桥面环氧沥青铺装检查频率

| 评定指标 | 检查方式 | 检查频率 |
| --- | --- | --- |
| 裂缝 | 巡检 | 至少每月1次 |
| 破损 | 巡检 | |
| 黏结层状况 | 快速无损检测 | |
| 修补状况 | 巡检 | |
| 抗滑性能 | 横向力测定车和摆式仪 | 至少每年1次 |

3.3.2 评定指标。可采用以下三类评定指标,具体应符合下列要求:

1 钢桥面铺装裂缝率PCR。钢桥面铺装裂缝状况采用裂缝率PCR评定,按式(3.3.2-1)计算:

$$PCR = 100 \times \frac{A_c}{A} \qquad (3.3.2\text{-}1)$$

式中:PCR——钢桥面铺装裂缝率(%);

$A_c$——调查路段内裂缝病害折算面积($m^2$);

$A$——调查路段内的桥面铺装面积($m^2$)。

2 钢桥面铺装破损指数SDPCI。钢桥面铺装破损状况采用SDPCI指数评定,按式(3.3.2-2)、式(3.3.2-3)计算:

$$SDPCI = 100 - a_0 DR^{a_1} \qquad (3.3.2\text{-}2)$$

$$DR = 100 \times \frac{\sum_{i=1}^{i=i_0} w_i A_i}{A} \qquad (3.3.2\text{-}3)$$

式中:DR——钢桥面铺装破损率(%);

$a_0$——采用19.32;

$a_1$——采用0.408;

$A_i$——第$i$类桥面损坏面积($m^2$);

$A$——调查路段内的桥面铺装面积($m^2$);

$w_i$——不同损坏类型的权重系数,取值符合表3.3.2的规定。

表 3.3.2　钢桥面环氧沥青铺装病害权重系数表

| 损坏类型 | | 分级 | 权重系数 $w_i$ |
| --- | --- | --- | --- |
| 裂缝 | 纵向裂缝 | 轻 | 0.6 |
| | | 重 | 1 |
| | 横向裂缝 | 轻 | 0.6 |
| | | 重 | 1 |
| | 斜缝 | 轻 | 0.6 |
| | | 重 | 1 |
| | 鱼尾纹裂缝 | 轻 | 0.3 |
| | | 重 | 0.5 |
| | 放射状裂缝 | — | 1 |

表 3.3.2（续）

| 损坏类型 | | 分级 | 权重系数 $w_i$ |
|---|---|---|---|
| 裂缝 | 环形裂缝 | — | 1 |
| | 网裂 | — | 1 |
| 破损 | 坑槽 | — | 1 |
| | 松散 | — | 1 |
| | 鼓包 | — | 1 |
| | 脱层 | — | 1 |

条文说明：权重系数 $w_i$ 结合工程实践进行取值。

3 钢桥面铺装脱空率 PDR。钢桥面铺装脱空状况采用脱空率 PDR 评定，按式（3.3.2-4）计算：

$$PDR = 100 \times \frac{A_{ab}}{A} \qquad (3.3.2-4)$$

式中：PDR——钢桥面铺装脱空率（%）；

$A_{ab}$——调查路段内脱空铺装面积（$m^2$）；

$A$——调查路段内的桥面铺装面积（$m^2$）。

3.3.3 评定结果。可分别从破损状况、裂缝状况、脱空状况三方面评定，具体应符合下列要求：

1 破损状况评定。分为优、良、中 3 个等级，具体指标应符合表 3.3.3-1 的规定。

表 3.3.3-1 破损状况评级

| 破损状况 SDPCI | 评价等级 |
|---|---|
| SDPCI≥90 | 优 |
| 80≤SDPCI＜90 | 良 |
| SDPCI＜80 | 中 |

2 裂缝状况评定。分为优、良、中 3 个等级，具体指标应符合表 3.3.3-2 的规定。

表 3.3.3-2 裂缝状况评级

| 裂缝率 PCR（%） | 评价等级 |
|---|---|
| 0≤PCR＜1 | 优 |
| 1≤PCR＜2 | 良 |
| PCR≥2 | 中 |

3 脱层状况评定。分为优、良、中 3 个等级，具体指标应符合表 3.3.3-3 的规定。

表 3.3.3-3 脱空状况评级

| 脱空率 PDR（%） | 评价等级 |
|---|---|
| 0≤PDR＜1 | 优 |
| 1≤PDR＜2 | 良 |
| PDR≥2 | 中 |

## 3.4 养护决策

3.4.1 根据铺装破损状况及脱空状况,推荐养护决策指标,具体决策体系见图3.4.1。

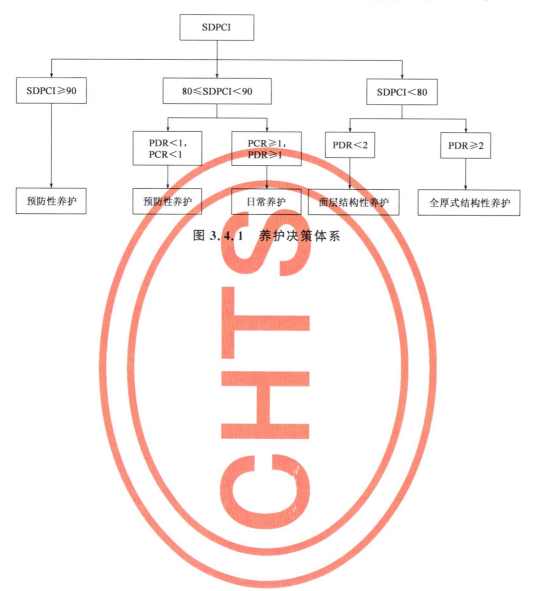

图 3.4.1 养护决策体系

## 4 日常养护

### 4.1 裂缝处治

**4.1.1** 裂缝处治应符合下列要求：

1 铺装出现裂缝病害，应及时进行修复。
2 可选用环氧树脂、环氧沥青材料进行灌缝处治。
3 裂缝处治应采用施工简单、快速固化型灌缝材料，缩短养护作业时间。

**4.1.2** 材料应符合下列要求：

1 当采用环氧树脂灌缝材料时，技术指标应符合表 4.1.2-1 的规定。

表 4.1.2-1 环氧树脂灌缝材料技术指标要求

| 检测项目 | 单 位 | 技术要求 | 试验方法 |
| --- | --- | --- | --- |
| 布氏黏度(23℃) | Pa·s | ≤1 | JTG E20，T 0625 |
| 可操作时间 | min | ≥30 | JC/T 1041 |
| 固化时间(23℃) | h | ≤8 | GB/T 5210 |
| 拉伸强度(23℃) | MPa | ≥15 | GB/T 528 |
| 断裂延伸率(23℃) | % | ≥10 | GB/T 528 |

2 当采用环氧沥青灌缝材料时，技术指标应符合表 4.1.2-2 的规定。

表 4.1.2-2 环氧沥青灌缝材料技术指标要求

| 技术指标 | 单 位 | 技术要求 | 试验方法 |
| --- | --- | --- | --- |
| 质量比($A:B_h$) | — | 设计值 | 称量法 |
| 抗拉强度(23℃) | MPa | ≥2 | GB/T 528 |
| 断裂时的延伸率(23℃) | % | ≥200 | GB/T 528 |
| 黏度增加至1Pa·s(120℃) | min | ≥50 | JTG E20，T 0625 |

**4.1.3** 施工应符合下列要求：

1 应选择气温高于5℃的晴天、路面干燥时进行施工。
2 灌缝前应对裂缝内杂物进行清理、干燥。
3 根据裂缝轻重，可采用直接灌缝、压浆灌缝、开槽灌缝。
4 将灌缝材料灌入槽内，并要求将所开的灌缝槽灌满填实。
5 灌缝材料养生固化后，方可开放交通。

### 4.2 破损修复

**4.2.1** 坑槽和松散修补应符合下列要求：

1 应选择气温高于5℃的晴天、路面干燥时进行施工。

2 可采用环氧树脂、环氧沥青等环氧类材料进行修补，材料性能应不低于原铺装材料的技术要求。

3 当坑槽破坏发生至钢桥面板时，应对钢桥面板进行除锈处理，重新涂布防水黏结层后方可铺筑混合料。

4.2.2 坑槽修补方案应符合下列要求：

1 铺装上层坑槽修补方案见图4.2.2-1。

图4.2.2-1 铺装上层坑槽修补方案

2 全厚式坑槽修补方案见图4.2.2-2和图4.2.2-3。

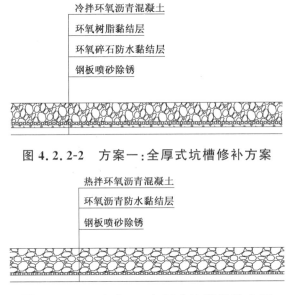

图4.2.2-2 方案一：全厚式坑槽修补方案

图4.2.2-3 方案二：全厚式坑槽修补方案

4.2.3 坑槽修补材料应符合下列要求：

1 所用材料使用前应进行相应试验，应符合《公路沥青路面施工技术规范》(JTG F40—2017)的有关规定。

2 防水黏结层及黏结层应符合下列要求：

1） 当坑槽破损仅发生在上面层时，将上面层铺装清理完毕后，应在表面重新涂布黏结层。当坑槽破损发展至钢桥面板时，对钢桥面板除锈处理后，应重新涂布防水黏结层。

2） 当采用热拌环氧沥青混凝土进行坑槽修补时，采用环氧沥青作为防水黏结层和黏结层，技术指标应符合表4.2.3-1的规定；采用环氧树脂黏结剂Ⅱ型作为防水黏结层和黏结层，技术指标应符合

表4.2.3-2的规定。

表4.2.3-1 环氧沥青防水黏结料技术要求

| 技术指标 | 单位 | 技术要求 | 试验方法 |
|---|---|---|---|
| 质量比（A：$B_n$） | — | 设计值 | 称量法 |
| 抗拉强度（23℃） | MPa | ≥9.6 | GB/T 528 |
| 断裂时的延伸率（23℃） | % | ≥185 | GB/T 528 |
| 黏度增加至1Pa·s（120℃） | min | ≥20 | JTG E20,T 0625 |

表4.2.3-2 环氧树脂黏结剂Ⅱ型技术要求

| 试验项目 | 单位 | 技术要求 | 试验方法 |
|---|---|---|---|
| 拉伸强度（23℃） | MPa | ≥3.0 | GB/T 1677 |
| 断裂伸长率（23℃） | % | ≥100 | GB/T 1677 |
| 不透水性（0.3MPa,24h） | — | 不透水 | GB/T 1677 |
| 吸水率 | % | ≤0.3 | GB/T 1034 |
| 黏结强度（与钢板25℃） | MPa | ≥3.0 | JTG/T 3364-02 |

3）当采用冷拌环氧沥青混凝土进行坑槽修补时，宜采用环氧树脂碎石防水黏结层和环氧树脂黏结层，环氧树脂技术指标应符合表4.2.3-3的规定，碎石技术指标应符合表4.2.3-4的规定。

表4.2.3-3 环氧树脂技术指标要求

| 检测项目 | 单位 | 技术指标要求 | 试验方法 |
|---|---|---|---|
| 固化时间（23℃） | h | ≤8 | GB/T 5210 |
| 拉拔强度（23℃） | MPa | ≥8 | GB/T 5210 |
| 拉拔强度（70℃） | MPa | ≥3 | GB/T 5210 |
| 断裂延伸率（23℃） | % | ≥10 | GB/T 528 |

表4.2.3-4 撒布碎石技术指标要求

| 检测项目 | 单位 | 技术要求 | 试验方法 |
|---|---|---|---|
| 粒径 | mm | 3～5 | JTG E42,T 0302 |
| 表观相对密度 | — | ≥2.60 | JTG E42,T 0328 |
| 坚固性（＞0.3mm部分） | % | ≤12 | JTG E42,T 0340 |
| 小于0.075mm的含量（水洗法） | % | ≤1 | JTG E42,T 0333 |
| 吸水率 | % | ≤2 | JTG E42,T 0330 |
| 含水率 | % | ≤0.5 | JTG E42,T 0332 |

3 冷拌和热拌环氧沥青胶结料技术指标要求应符合《公路钢桥面铺装设计与施工技术规范》（JTG/T 3364-02—2019）中4.5节有关规定。

4 混合料应符合下列要求：

1）采用马歇尔体积参数设计方法进行配合比设计，级配宜采用细粒式或中粒式，级配范围符合表4.2.3-5的规定。

表 4.2.3-5 坑槽修补混合料级配范围

| 级配类型 | 各筛孔(mm)通过率(%) | | | | | | | | |
|---|---|---|---|---|---|---|---|---|---|
| | 13.2 | 9.5 | 4.75 | 2.36 | 1.18 | 0.6 | 0.3 | 0.15 | 0.075 |
| 细粒式 | — | 100 | 90～100 | 55～72 | 35～55 | 25～43 | 16～30 | 12～22 | 8～16 |
| 中粒式 | 100 | 95～100 | 65～85 | 50～70 | — | 28～40 | — | — | 7～14 |

2) 坑槽修补混合料性能技术指标应符合表 4.2.3-6 的规定。

表 4.2.3-6 坑槽修补混合料技术指标要求

| 检测项目 | 单位 | 技术要求 | 试验方法 |
|---|---|---|---|
| 空隙率 | % | ≤3 | JTG E20,T 0705 |
| 稳定度(60℃) | kN | ≥40 | JTG E20,T 0709 |
| 流值 | 0.1mm | ≥20 | JTG E20,T 0709 |
| 残留稳定度 | % | ≥85 | JTG E20,T 0709 |
| 冻融劈裂强度比 | % | ≥80 | JTG E20,T 0729 |
| 动稳定度(60℃) | 次/mm | ≥10 000 | JTG E20,T 0719 |
| 低温破坏应变(-10℃) | $\mu\varepsilon$ | ≥3 000 | JTG E20,T 0715 |

5 坑槽修补时应对新老铺装接缝进行处治。当采用热拌环氧沥青混凝土进行坑槽修补时,可采用环氧类或沥青类材料;当采用冷拌环氧沥青混凝土进行坑槽修补时,可采用树脂接缝胶或沥青接缝带,树脂接缝胶技术指标应符合表 4.2.3-7 的规定,沥青接缝带技术指标应符合表 4.2.3-8 的规定。

表 4.2.3-7 树脂接缝胶技术指标要求

| 检测项目 | 单位 | 技术要求 | 试验方法 |
|---|---|---|---|
| 拉伸强度(23℃) | MPa | ≥0.5 | GB/T 528 |
| 断裂延伸率(23℃) | % | ≥500 | GB/T 528 |

表 4.2.3-8 沥青接缝带技术指标要求

| 检测项目 | 单位 | 技术要求 | 试验方法 |
|---|---|---|---|
| 软化点 | ℃ | ≥90 | JTG E20,T 0604 |
| 弹性恢复率(25℃) | % | ≥10 | JTG E20,T 0662 |
| 低温柔度(-20℃,30min,$R$=15mm) | — | 无裂纹 | GB 18243 |
| 厚度 | mm | ≥4 | |

4.2.4 施工应符合下列要求:

1 修补宜按照"圆洞方补、斜洞正补"的原则进行。

2 坑槽修补机械应配备切割机、磨光机、风镐、小型拌和机及碾压设备等。

3 施工工艺应符合下列要求:

1) 钢桥面板可采用人工打磨方式,光洁度达到相关要求。

2) 采用铺装上层坑槽修补方案:当采用环氧树脂黏结层时,涂布量宜为 0.5kg/m²～0.6kg/m²;

当采用环氧沥青黏结层时,涂布量宜为 0.42kg/m²～0.48kg/m²。

  3) 采用全厚式坑槽修补方案时,钢桥面板打磨除锈后应立即进行防水黏结层和黏结层施工。当采用环氧碎石防水黏结层＋环氧树脂黏结层体系时,环氧树脂防水黏结层涂布量宜为 1kg/m²～1.2kg/m²,碎石撒布率宜为满布的 70%～80%,环氧树脂黏结层涂布量宜为 0.5kg/m²～0.6kg/m²;当采用环氧沥青防水黏结层时,涂布量宜为 0.65kg/m²～0.71kg/m²,环氧沥青黏结层涂布量宜为 0.42kg/m²～0.48kg/m²。

  4) 混合料填补前,应采用接缝材料对新老铺装界面进行处治。

  5) 混合料拌和宜采用机械拌和,确保拌和均匀、无花白料。

  6) 混合料可采用平板振动夯或小型手持式压路机进行碾压,保证密实、平整。

  7) 修复材料养生完成后,方可开放交通。根据环境气候条件,养生时间宜为 6h～8h。

### 4.3 鼓包和脱层处治

**4.3.1** 鼓包和脱层处治应符合下列要求:

  1 宜选用环氧树脂、环氧沥青等材料。

  2 宜采用注浆技术对层间鼓包、脱层进行填充。

**4.3.2** 材料应符合下列要求:

  1 当选用环氧树脂注浆材料时,其技术指标应符合表 4.1.2-1 的规定。

  2 当选用环氧沥青注浆材料时,其技术指标应符合表 4.1.2-2 的规定。

**4.3.3** 施工应符合下列要求:

  1 应选择气温高于 5℃的晴天、路面干燥时进行施工。

  2 钻孔完成后宜采用高压空气除湿、除灰等。

  3 注浆完成后应确保鼓包、脱层空洞饱满封闭。

  4 注浆处治并养生完成后,方可开放交通。

## 5 预防性养护

### 5.1 一般规定

5.1.1 当铺装表面出现功能型损伤时,应及时进行预防性养护。

5.1.2 预防性养护前应经过检测评定,并进行专项设计。

5.1.3 宜采用的复合型树脂薄层罩面,结构见图5.1.3。

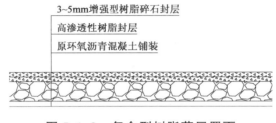

图 5.1.3 复合型树脂薄层罩面

条文说明:原铺装表面抛丸后形成洁净的表面,树脂罩面下层采用渗透性树脂可以对铺装的空隙、裂纹、裂缝进行封闭修复,恢复铺装强度,提高铺装使用性能;树脂罩面上层采用增强型树脂则起到封层防水、抗老化作用,表面撒布3mm～5mm碎石可以提高环氧沥青铺装的抗滑性能,改善行车安全和舒适性。

### 5.2 材料要求

5.2.1 复合型树脂罩面下层高渗透性树脂技术指标应符合表5.2.1规定。

表 5.2.1 高渗透性树脂技术指标要求

| 检测项目 | 单位 | 技术要求 | 试验方法 |
| --- | --- | --- | --- |
| 布氏黏度(23℃) | Pa·s | ≤1 | JTG E20,T 0625 |
| 可操作时间 | min | ≥30 | JC/T 1041 |
| 固化时间(23℃) | h | ≤8 | GB/T 5210 |
| 拉伸强度(23℃) | MPa | ≥15 | GB/T 528 |
| 断裂延伸率(23℃) | % | ≥10 | GB/T 528 |

5.2.2 复合型树脂罩面上层增强型树脂技术指标应符合表5.2.2-1的规定,树脂材料应存放于干燥、阴凉处,避免阳光直接照射。应选用干燥、洁净、坚硬的3mm～5mm碎石,技术指标应符合表5.2.2-2的规定。

表 5.2.2-1 增强型树脂技术指标要求

| 检测项目 | 单位 | 技术要求 | 试验方法 |
| --- | --- | --- | --- |
| 可操作时间 | min | ≥30 | JC/T 1041 |
| 固化时间(23℃) | h | ≤8 | GB/T 5210 |
| 拉伸强度(23℃) | MPa | ≥10 | GB/T 528 |
| 断裂延伸率(23℃) | % | ≥20 | GB/T 528 |
| 拉拔强度(与铺装层)(23℃) | MPa | ≥3 | GB/T 5210 |

表 5.2.2-2 树脂罩面用碎石技术指标要求

| 检测项目 | 单位 | 技术要求 | 试验方法 |
| --- | --- | --- | --- |
| 表观相对密度 | — | ≥2.65 | JTG E42，T 0328 |
| 含水率 | % | ≤0.5 | JTG E42，T 0332 |
| 棱角性（流动时间） | s | ≥30 | JTG E42，T 0345 |

## 5.3 施工

5.3.1 应选择气温高于5℃的晴天、路面干燥时进行施工。

5.3.2 施工前应对原铺装表面进行抛丸处理，以满足表面粗糙度的相关要求，确保铺装层表面干燥、洁净。

5.3.3 施工前对铺装层裂缝、坑槽等病害进行处治后方可进行罩面施工。

5.3.4 树脂可采用人工或机械洒布，涂布量应根据试验确定。高渗透性树脂涂布量宜为$0.5kg/m^2 \sim 0.7kg/m^2$，增强型树脂涂布量宜为$1kg/m^2 \sim 1.2kg/m^2$。

5.3.5 增强型树脂涂布过程中，应同步均匀撒布单粒径耐磨碎石，撒布量宜为$3kg/m^2 \sim 5kg/m^2$。

5.3.6 上下层施工间隔时间宜为3h～5h。

5.3.7 养生6h～8h后，方可开放交通。

## 6 结构性养护

### 6.1 一般规定

6.1.1 养护前应经过检验评定，进行专项设计。

6.1.2 施工温度低于10℃、有雾、雨天或风速大于10m/s的天气，不应进行施工。

6.1.3 压实宜采用振荡压路机、胶轮压路机、钢轮压路机静压等组合方式。

6.1.4 宜通过钢桥面铺装结构性养护试验段，确定适宜的施工机械及相应工艺。

### 6.2 设计

6.2.1 结构性养护分为上层铺装铣刨铺装和全厚铺装重新铺装。

6.2.2 上面层铣刨铺装可选择冷拌环氧沥青混凝土、热拌环氧沥青混凝土、高弹改性沥青混凝土等。

6.2.3 全厚式重铺可采用单层式或双层式。单层式由环氧树脂碎石防水层、环氧树脂黏结层与冷拌环氧沥青混凝土铺装层组成。双层式铺装上层可采用冷拌环氧沥青混凝土、热拌环氧沥青混凝土、高弹改性沥青混凝土等，铺装下层可采用冷拌环氧沥青混凝土。

### 6.3 材料要求

6.3.1 所用材料使用前应进行相应试验，应符合《公路钢桥面铺装设计与施工技术规范》(JTG/T 3364-02—2019)的有关规定。

6.3.2 防水黏结层及黏结层应符合下列要求：

1 采用全厚式单层或双层处治时，钢桥面板与冷拌环氧沥青混凝土铺装层之间宜采用环氧树脂碎石防水黏结层和环氧树脂黏结层体系，环氧树脂防水黏结材料技术指标应符合表6.3.2-1的规定，撒布碎石技术指标应符合表4.2.3-4的规定，环氧树脂黏结层技术指标应符合表6.3.2-2的规定。

表 6.3.2-1 环氧树脂防水黏结层材料技术指标要求

| 检测项目 | 单位 | 技术指标 | 试验方法 |
|---|---|---|---|
| 指干时间(23℃) | h | ≤10 | GB/T 13477.5 |
| 固化时间(23℃) | h | ≤72 | GB/T 5210 |
| 拉拔强度(23℃) | MPa | ≥8 | GB/T 5210 |
| 拉拔强度(70℃) | MPa | ≥3 | GB/T 5210 |
| 拉伸强度(23℃) | MPa | ≥10 | GB/T 528 |
| 断裂延伸率(23℃) | % | ≥10 | GB/T 528 |

表 6.3.2-2 环氧树脂黏结层材料技术指标要求

| 检测项目 | 单 位 | 技术要求 | 试验方法 |
|---|---|---|---|
| 重量比 | — | 设计值 | 称重法 |
| 拉伸强度(23℃) | MPa | ≥2 | GB/T 528 |
| 断裂延伸率(23℃) | ％ | ≥200 | GB/T 528 |

2 采用上面层铣刨和全厚式双层处治时，当上层采用高弹改性沥青、热拌环氧沥青时，上、下两层铺装间宜采用二阶段环氧树脂黏结层，技术指标应符合《公路钢桥面铺装设计与施工技术规范》(JTG/T 3364-02—2019)中第4.4节有关规定。当上层采用冷拌环氧沥青时，上、下两层铺装间宜采用环氧树脂黏结层，技术指标应符合表6.3.2-2的规定。

6.3.3 胶结料主要包括高弹改性沥青、冷拌环氧沥青及热拌环氧沥青三种类型。分别应符合下列要求：

1 高弹改性沥青技术指标应符合《公路钢桥面铺装设计与施工技术规范》(JTG/T 3364-02—2019)中第4.5节有关规定。

2 冷拌和热拌环氧沥青技术指标要求应符合《公路钢桥面铺装设计与施工技术规范》(JTG/T 3364-02—2019)中第4.5节有关规定。

6.3.4 混合料应符合下列要求：

1 级配应符合下列要求：

1) 高弹改性沥青混合料采用马歇尔体积参数设计方法进行配合比设计，级配要求应符合《公路钢桥面铺装设计与施工技术规范》(JTG/T 3364-02—2019)中第5.1节有关规定。

2) 热拌环氧沥青混合料采用马歇尔体积参数设计方法进行配合比设计，级配要求应符合《公路钢桥面铺装设计与施工技术规范》(JTG/T 3364-02—2019)中第5.3节有关规定。

3) 冷拌环氧沥青混合料采用马歇尔体积参数设计方法进行配合比设计，级配要求根据所用层位进行区别设计。当作为下面层时，宜采用细粒式级配；当采用全厚式单层结构时，宜采用中粒式级配。级配要求应符合表6.3.4-1的规定。

表 6.3.4-1 冷拌环氧沥青混合料推荐级配范围

| 级配类型 | 各筛孔(mm)通过率(％) | | | | | | | | | |
|---|---|---|---|---|---|---|---|---|---|---|
| | 16 | 13.2 | 9.5 | 4.75 | 2.36 | 1.18 | 0.6 | 0.3 | 0.15 | 0.075 |
| 细粒式 | — | — | 100 | 90～100 | 55～72 | 35～55 | 25～43 | 16～30 | 12～22 | 8～16 |
| 中粒式 | 100 | 90～100 | 68～85 | 38～68 | 24～50 | 15～38 | 10～28 | 7～20 | 5～15 | 4～12 |

2 混合料性能应符合下列要求：

1) 高弹改性沥青混合料技术指标要求应符合《公路钢桥面铺装设计与施工技术规范》(JTG/T 3364-02—2019)中第5.1节有关规定。

2) 冷拌和热拌环氧沥青混合料技术指标要求应符合《公路钢桥面铺装设计与施工技术规范》(JTG/T 3364-02—2019)中第5.3节有关规定。

## 6.4 施工

**6.4.1** 铺装层清除应符合下列要求：

1 上面层的清除应采用铣刨的方式，铣刨深度略大于上面层厚度。

2 全厚式的清除应采取铣刨、机械挖除、人工凿除等方式，不应损伤钢桥面板。

**6.4.2** 采用全厚式方案时，原铺装混凝土清理后，应对钢桥面板进行除锈。钢桥面板除锈要求应符合《公路钢桥面铺装设计与施工技术规范》(JTG/T 3364-02—2019)中第6.4节有关规定。

**6.4.3** 环氧碎石防水黏结层施工应符合下列要求：

1 钢桥面板除锈结束后，应在1h以内进行环氧树脂碎石防水层施工。

2 环氧树脂混合后应在要求的容留时间内完成涂布，超过容留时间的环氧树脂应废弃，为提高环氧树脂流动性便于施工，当温度过低时可加热到20℃±5℃。

3 施工时应严格检查漏涂、气泡、针眼等缺陷，及时对缺陷进行修补。

4 环氧树脂可采用机械洒布或人工涂布，涂布量宜为1kg/m²～1.2kg/m²，碎石撒布率宜为满布的70%～80%，养生达到设计强度后方可进入下一道工序。

**6.4.4** 黏结层施工应符合下列要求：

1 施工黏结层前，应采取措施确保界面洁净、干燥。

2 冷拌环氧沥青铺装用环氧树脂黏结层可采用机械洒布或人工涂布，用量宜为0.4kg/m²～0.5kg/m²，机械洒布或人工涂布完成后1h内进入下一道工序。

3 二阶段环氧树脂黏结层可采用机械洒布或人工涂布，涂布量宜为0.5kg/m²～0.8kg/m²，指干后方可施工铺装上层。

## 7 质量控制与验收

### 7.1 日常养护

材料进场前应进行检验,符合技术要求方可使用。质量检验应符合表7.1中的规定。

表 7.1 日常养护检查验收要求

| 检测项目 | 检查频度 | 规定值或允许偏差 | 检测方法 |
| --- | --- | --- | --- |
| 裂缝处治 | 随时 | 灌缝应饱满封闭裂缝并与桥面基本齐平或略高 | 目视 |
| 坑槽修补 | 随时 | 表面应平顺密实,无泛油和离析现象,且应与原铺装衔接平顺 | 目视 |
| 脱空处治 | 随时 | 注浆应饱满封闭空洞,以注浆料溢出孔洞为准 | 目视 |

### 7.2 预防性养护

质量检验应符合表7.2中的规定。

表 7.2 树脂罩面检查验收要求

| 检测项目 | 检查频度 | 规定值或允许偏差 | 检测方法 |
| --- | --- | --- | --- |
| 树脂外观 | 随时 | 均匀一致,无气泡、异物 | 目视 |
| 树脂用量 | 每2 000 m² 检查3点,或每一施工段不少于3点 | ±0.1 kg/m² | 单位面积称重 |
| 拉拔强度 | 每2 000 m² 检查3点,或每一施工段不少于3点 | ≥3 MPa | GB/T 5210 |
| 集料撒布 | 随时 | 均匀一致 | 目视 |
| 摆式摩擦系数 | 每200 m 检查1处,或每一施工段不少于1处 | ≥60 BPN | JTG E60,T 0964 |

### 7.3 结构性养护

**7.3.1** 施工质量检查验收标准应符合表7.3.1中的规定。

表 7.3.1 施工质量检查验收要求

| 检测项目 | | 检查频度 | 规定值或允许偏差 | 检查方法 |
| --- | --- | --- | --- | --- |
| 喷砂除锈 | 清洁度 | 6点/1 000 m²,每个段落不少于3点 | Sa2.5(机械)、St3(人工) | GB 8923 |
| | 粗糙度 | | 60 μm~100 μm | GB 8923 |
| 环氧树脂碎石防水黏结层 | 胶料涂布量 | 6点/1 000 m²,每个段落不少于3点 | ±0.1 kg/m² | 单位面积称重法 |
| | 碎石撒布量 | | 满布的70%~80% | 目视 |
| | 拉拔强度 | | ≥8 MPa | GB/T 5210 |
| | 外观 | 随时 | 均匀一致,无气泡、异物 | 目视 |

表 7.3.1（续）

| 检测项目 | | 检查频度 | 规定值或允许偏差 | | 检查方法 |
|---|---|---|---|---|---|
| 冷拌环氧沥青混凝土 | 油石比 | 当天施工结束后 | ±0.1% | | 总量检验 |
| | 级配 | | ≥4.75mm | ±4% | JTG E20,T 0725 |
| | | | ≤2.36mm | ±3% | |
| | | | 0.075mm | ±2% | |
| | 空隙率 | 2次/台班 | ≤3% | | JTG E20,T 0709 |
| | 稳定度(60℃) | | ≥40kN | | |
| | 流值(60℃) | | ≥20(0.1mm) | | |
| 热拌环氧沥青混凝土 | 油石比 | 2次/台班 | ±0.3% | | |
| | 级配 | | ≥4.75mm | ±4% | JTG E20,T 0725 |
| | | | ≤2.36mm | ±3% | |
| | | | 0.075mm | ±2% | |
| | 空隙率 | 2次/台班 | ≤3% | | JTG E20,T 0709 |
| | 稳定度(60℃) | | ≥40kN | | |
| | 流值(60℃) | | ≥20(0.1mm) | | |
| 高弹改性沥青混凝土 | 油石比 | 2次/台班 | ±0.3% | | |
| | 级配 | | ≥4.75mm | ±4% | JTG E20,T 0725 |
| | | | ≤2.36mm | ±3% | |
| | | | 0.075mm | ±2% | |
| | 空隙率 | 2次/台班 | 3%～4.5% | | JTG E20,T 0709 |
| | 稳定度(60℃) | | ≥8kN | | |
| | 流值(60℃) | | 20～50(0.1mm) | | |

7.3.2 工程验收标准应符合表 7.3.2 中的规定。

表 7.3.2 工程验收标准

| 检测项目 | 检查方法与频率 | 规定值或允许偏差 |
|---|---|---|
| 表观 | 目视,所有维修段落 | 均匀一致,平整密实 |
| 摩擦系数 | 摆式仪,每200m检查1处,或每一施工段不少于3处 | ≥56BPN |
| 渗水系数 | 渗水仪,每200m检查1处,或每一施工段不少于3处 | 不渗水 |
| 接缝密实性 | 渗水仪,每200m检查1处,或每一施工段不少于3处 | 不渗水 |
| 平整度 | 3m直尺,每100m连续10尺 | 最大间隙≤3mm |
| | 平整度仪,全桥每车道连续检测,每100m计算IRI和σ | IRI≤2.5m/km |
| | | σ≤1.5mm |
| 平均厚度 | 按实际用量推算 | 0,+3mm |
| 压实度 | 按碾压吨位及遍数复核 | — |
| 横坡 | 水准仪:每200m测4个断面 | ±0.3% |

## 用 词 说 明

1 本指南执行严格程度的用词,采用下列写法:
1) 表示严格,在正常情况下均应这样做的用词,正面词采用"应",反面词采用"不应"或"不得"。
2) 表示允许稍有选择,在条件许可时首先应这样做的用词,正面词采用"宜",反面词采用"不宜"。
3) 表示有选择,在一定条件下可以这样做的用词,采用"可"。
2 引用标准的用语采用下列写法:
1) 在标准条文及其他规定中,当引用的标准为国家标准或行业标准时,应表述为"应符合《××××××》(××××)的有关规定"。
2) 当引用标准中的其他规定时,应表述为"应符合本指南第×章的有关规定""应符合本指南第×.×节的有关规定""应按本指南第×.×.×条的有关规定执行"。